सामान्य ज्ञान

सपने फैलाना

क्रम-सूची

1

History

1. सम्राट अशोक के शिलालेखों को पढ़ने वाला प्रथम अंग्रेज़ कौन था ?

उत्तर :- जेम्स प्रिंसेप

2. महावीर स्वामी ने 'जैन संघ' की स्थापना कहाँ की थी ?

उत्तर :- पावापुरी

3. किस विदेशी दूत ने स्वयं को 'भागवत' घोषित किय था ?

उत्तर :- हेलिओडोरस

4. वैदिक कालीन लोगों ने सर्वप्रथम किस धातु का प्रयोग किया ?

उत्तर :- ताँबा

5. किस वेद की रचना गद्य एवं पद्य दोनों में की गई है ?

उत्तर :- यजुर्वेद

6. किस व्यक्ति को 'बिना ताज का बादशाह' कहा जाता है ?

उत्तर :- सुरेन्द्रनाथ बनर्जी

7. हड़प्पा काल में ताँबे के रथ की खोज किस स्थान से हुई थी ?

उत्तर :- दैमाबाद (महाराष्ट्र)

8. महावीर स्वामी 'यती' कब कहलाए ?

उत्तर :- घर त्यागने के बाद

9. मोहन जोदड़ो के स्नानागार के पश्चिम में स्थित स्तूप का निर्माण किस काल में किया गया था ?

उत्तर :- कुषाण काल

10. हड़प्पा सभ्यता के किस पुरास्थल को 'सिंध का बाग़' या 'मृतकों का टीला' कहा गया है ?

उत्तर :- मोहनजोदाड़ो

11. ऐसा कौन – सा प्रथम सूफी संत था , जिसने अपने आपको अनलहक घोषित किया था ?

उत्तर :- मंसूर हल्लाज

12. " हिन्दुस्तान तलवार के ज़ोर पर जीता गया था " यह कथन किसका है ?

उत्तर :- लॉर्ड एलगिन द्वितीय

13. विष्णु के दस अवतारों की जानकारी का स्रोत किस पुराण में है ?

उत्तर :- मत्स्य पुराण

14. बौद्ध धर्म की किस शाखा में मंत्र , हठयोग एवं तान्त्रिक आचारों को प्रधानता दी गई है ?

उत्तर :- वज्रयान

15. प्रसिद्ध ' विजयविट्ठल मन्दिर ' , जिसके 56 तक्षित स्तंभ से संगीतमय स्वर निकालते हैं , कहाँ अवस्थित है ?

उत्तर :- हम्पी (कर्नाटक)

16. किस शासक ने चित्तौड़ के 'कीर्ति स्तम्भ' का निर्माण करवाया था ?

उत्तर :- राणा कुम्भा

17. 'इण्डिया डिवाइडेड' नाम की पुस्तक के लेखक कौन थे ?

उत्तर :- डॉ राजेंद्र प्रसाद

18. शेरशाह के बाद और अकबर से पहले दिल्ली पर राज करने वाले हिन्दू राजा का नाम क्या था ?

उत्तर :- हेमू

19. 'आर्य' शब्द का शाब्दिक अर्थ क्या है ?

उत्तर :- श्रेष्ठ या कुलीन

20. 'चरक संहिता' नामक पुस्तक किस विषय से संबंधित है ?

उत्तर :- चिकित्सा

21. गुप्तकालीन प्रशासन में नगर के मुख्य अधिकारी को क्या कहा जाता था ?

उत्तर :- पुरपाल

22. किस राष्ट्रकूट शासक ने एलोरा के पर्वतों को काटकर प्रसिद्ध ' कैलाश मन्दिर ' का निर्माण करवाया था ?

उत्तर :- कृष्ण प्रथम

23. किस गुप्त सम्राट को 'विक्रमादित्य' के नाम से जाना जाता है ?

उत्तर :- चन्द्रगुप्त द्वितीय

24. गुप्तकालीन सोने की मुद्रा को क्या कहा जाता था ?

उत्तर :- दीनार

25. ऋग्वेद में उल्लिखित क़रीब 25 नदियों में से सर्वाधिक महत्त्वपूर्ण नदी कौन सी थी ?

उत्तर :- सरस्वती नदी

26. बाल गंगाधर तिलक को 'आधुनिक भारत का निर्माता' किसने कहा था ?

उत्तर :- महात्मा गाँधी

27. हैदराबाद नगर की स्थापना किसने की थी ?

उत्तर :- मुहम्मद कुली कुतुबशाह

28. ऋग्वैदिक आर्यों की भाषा क्या थी ?

उत्तर :- संस्कृत

29. महात्मा बुद्ध को किस नदी के तट पर ज्ञान प्राप्त हुआ था ?

उत्तर :- निरंजना नदी

30. कुषाण शासक 'कनिष्क' के निर्माण कार्यों का निरीक्षक अभियन्ता अधिकारी कौन था ?

उत्तर :- अगेसिलोस

31. जैन परम्परा के अनुसार जैन धर्म के 24वें एवं अंतिम तीर्थंकर कौन थे ?

उत्तर :- महावीर जैन

32. 'वैज्ञानिक समाज' की स्थापना किसने की थी ?

उत्तर :- सर सैयद अहमद खाँ

33. सातवाहन शासकों की राजकीय भाषा क्या थी ?

उत्तर :- प्राकृत

34. प्राचीन भारत में सर्वप्रथम किस वंश के शासकों ने ' द्वैध शासन प्रणाली ' की शुरुआत की ?

उत्तर :- कुषाण

35. सम्राट अशोक के पिता कौन थे ?

उत्तर :- बिन्दुसार

36. मोहन जोदड़ो की सबसे बड़ी इमारत कौन सी है ?

उत्तर :- अन्नागार

37. मुग़ल काल में किस बन्दरगाह को 'बाबूल मक्का' (मक्का द्वार) कहा जाता था ?

उत्तर :- सूरत बंदरगाह

38. दिल्ली का पुराना किला किसके द्वारा बनवाया गया था ?

उत्तर :- शेरशाह सूरी

39. दिल्ली सल्तनत के किस सुल्तान ने ' तुर्कान – ए चिहालगानी ' की स्थापना की थी ?

उत्तर :- इल्तुतमिश

40. चन्देलों की राजधानी कहाँ स्थित थी ?

उत्तर :- खजुराहो (भोपाल)

41. हड़प्पा के मिट्टी के बर्तनों पर सामान्यत: किस रंग का उपयोग हुआ था ?

उत्तर :- लाल रंग

42. बौद्धों के कौन से ग्रंथ को गीता के समान पवित्र मानी जाती है ?

उत्तर :- धम्मपद

43. चाणक्य का अन्य नाम क्या था ?

उत्तर :- विष्णुगुप्त

44. चरक और नागार्जुन किसके दरबार की शोभा थे ?

उत्तर :- कनिष्क

45. दिल्ली सल्तनत की स्थापना कब हुई ?

उत्तर :- 1206

46. किस मुस्लिम शासक की मृत्यु घोड़े से गिरने के कारण हुई थी ?

उत्तर :- कुतुबुद्दीन ऐबक

47. किस विद्वान ने प्रसिद्ध ग्रंथ 'शाहनामा' की रचना की ?

उत्तर :- फ़िरदौसी

48. महात्मा गाँधी ने सत्याग्रह सबसे पहले कहाँ शुरू किया ?

उत्तर :- चंपारण

49. भारतीय राष्ट्रीय काँग्रेस के सबसे अधिक समय तक अध्यक्ष कौन रहे ?

उत्तर :- अबुल कलाम आज़ाद

50. भारत एवं पाकिस्तान का विभाजन किस योजना के तहत हुआ था –

उत्तर :- माउंट बेंटन योजना

2
Georaphy

1. भारत का क्षेत्रफल कितना है ?

उतर :- 3287263 वर्ग किमी

2. भारत का क्षेत्रफल सम्पूर्ण विश्व के क्षेत्रफल का कितना प्रतिशत है ?

उतर :- 2.42 %

3. जनसंख्या की दृष्टि से भारत का विश्व में _______ स्थान है ?

उतर :- दूसरा

4. भारत का उत्तर से दक्षिण तक विस्तार कितना किलोमीटर है ?

उतर :- 3214 किमी

5. भारत का पूर्व से पश्चिम तक का विस्तार कितना किलोमीटर है ?

उतर :- 2933 किमी

6. भारत के स्थलीय सीमा की कुल लंबाई कितनी है ?

उतर :- 15,200 किमी.

7. भारत के तटीय भाग कुल की लंबाई कितनी है ?

उतर :- वर्ग किलोमीटर

8. भारत के कितने राज्यों से होकर कर्क रेखा गुजरती है ?

उतर :- 8

9. भारत का सबसे लंबा तटरेखा वाला राज्य कौन सा है ?

उतर :- गुजरात

10. भारत और विश्व का सबसे बड़ा डेल्टा कौनसा है ?

उतर :- सुन्दरवन डेल्टा

11. किस नदी को असम का शोक कहा जाता है ?

उतर :- ब्रह्मपुत्र नदी

12. किस झील में दुनिया का एकमात्र तैरता हुआ राष्ट्रीय उद्यान स्थित है ?

उत्तर :- लोकटक झील (मणिपुर)

13. उत्तराखंड के किस भाग में पाताल तोड़ कुएं पाए जाते है ?

उत्तर :- तराई में

14. दुनिया की सबसे प्राचीन पर्वत श्रेणी, अरावली पर्वत श्रेणी किस राज्य में स्थित है ?

उत्तर :- राजस्थान

15. भारत की सबसे लंबी नदी कौन सी है जो समुद्र में प्रवाहित नहीं होती ?

उत्तर :- यमुना नदी

16. प्रायद्वीपीय भारत की एकमात्र बारहमासी बहने वाली नदी कौन सी है ?

उत्तर :- कावेरी नदी

17. उत्तराखंड राज्य की सबसे ऊँची पर्वत चोटी है ?

उत्तर :- नंदा देवी

18. भारत की सबसे ऊंची पर्वत चोटी का क्या नाम है ?

उत्तर :- K2 (गॉडविन ऑस्टिन- 8611 मीटर)

19. हिमालय की सबसे ऊँची पर्वत श्रेणी का क्या नाम है ?

उत्तर :- हिमाद्रि (बृहत हिमालय)

20. भारत का सबसे बड़ा जिला कौन सा है ?

उत्तर :- कच्छ, गुजरात (45.652 वर्ग किमी.)

21. भारत का सबसे छोटा जिला कौनसा है ?

उत्तर :- माहे, पुडुचेरी (9 वर्ग किमी)

21. भारत का सर्वाधिक नगरीकृत राज्य कौन सा है ?

उत्तर :- गोवा

22. सबसे कम नगरीकृत भारतीय राज्य कौन सा है ?

उत्तर :- हिमाचल प्रदेश

23. भारत का सर्वाधिक वन वाला राज्य कौन सा है ?

उत्तर :- मध्यप्रदेश

24. भारत का सबसे न्यूनतम वन वाला राज्य कौन सा है ?

उत्तर :- हरियाणा

25. किस नदी को दक्षिण भारत की गंगा कहा जाता है ?

उत्तर :- कावेरी नदी

26. विश्व की सबसे बड़ा नदी द्वीप कौन सा है ?

उत्तर :- माजुली द्वीप, असम

27. भारतीय मानक समय (IST) , ग्रीनविच समय से कितना आगे है ?

उत्तर :- + 5:30

28. आदम का पुल (Adam's bridge) भारत और किस देश के मध्य स्थित है ?

उत्तर :- श्रीलंका

29. भारत तथा चीन के बीच सीमा रेखा को ________ कहते है ?

उत्तर :- मैकमोहन रेखा

30. किस समझौते के तहतभारत और चीन के बीच स्थित मैकमोहन रेखा निर्धारित की गई थी ?

उत्तर :- शिमला समझौता, 1914

31. भारत की सबसे लम्बी अन्तराष्ट्रीय सीमा किस देश के साथ लगती है ?

उत्तर :- बांग्लादेश

32. किस शहर को दक्षिण भारत का मैनचेस्टर कहा जाता है ?

उत्तर :- कोयंबटूर

33. रिंग ऑफ फायर " ज्वालामुखी पर्वतमाला सामान्यतः किस महासागर में पाई जाती है ?

उत्तर :- प्रशांत महासागर

34. ________ भारत का सबसे बड़ा द्वीप समूह है ?

उत्तर :- अंडमान निकोबार द्वीप समूह

35. भारत का सबसे छोटा द्वीप समूह कौन सा है ?

उत्तर :- लक्षद्वीप (32 वर्ग किमी)

36. भारत का सबसे ऊँचा दर्रा कौनसा है ?

उत्तर :- काराकोरम दर्रा

37. कौनसा दर्रा शिमला को तिब्बत से जोड़ता है ?

उत्तर :- शिपकीला दर्रा

38. किस दर्रे में जवाहर सुरंग स्थित है ?

उत्तर :- बनिहाल दर्रा

39. जब बारिश और हिमपात एक साथ होता है उस अवस्था को क्या कहते हैं ?

उत्तर :- स्लीट

40. ________ को सफेद हाथियों का देश भी कहते है ?

उत्तर :- थाईलैंड

41. वायुमण्डल की सबसे निचली परत को कहते है ?

उत्तर :- ट्रोपोस्फीयर

42. उत्तर भारत में उप हिमालय क्षेत्र के सहारे फैले समतल मैदान को कहा जाता है ?

उत्तर :- भाबर

43. डेथ वैली / मौत की घाटी किस मरुस्थल में स्थित है ?

उत्तर :- मौजावे मरुस्थल

44. नारियल के उत्पादन में भारत का विश्व में कौन – सा स्थान है ?

उत्तर :- तृतीय

45. भारत के किस राज्य में सर्वाधिक चावल का उत्पादन होता है ?

उत्तर :- पश्चिम बंगाल

46. भारत का कौनसा राज्य सर्वाधिक खाद्यान्न का उत्पादन करता है ?

उत्तर :- उत्तर प्रदेश

47. भारत में सर्वाधिक किस फसल की खेती होती है ?

उत्तर :- धान

48. भारत में काजू का सबसे बड़ा उत्पादक राज्य कौन है ?

उत्तर :- महाराष्ट्र

49. भारत में हरित क्रांति का जनक कौन है ?

उत्तर :- डॉ. एम. एस. स्वामीनाथन

50. भारत का सबसे बड़ा सोयाबीन उत्पादक राज्य है ?

उत्तर :- मध्य प्रदेश

3

Science

1. विज्ञान का पिता या विज्ञान का जनक किसे कहा जाता है ?

उत्तर :- गैलीलियो गैलीली

2. निकट दृष्टि दोष से पीड़ित व्यक्ति के इलाज के लिए किस लेंस का प्रयोग किया जाता है ?

उत्तर :- अवतल लेंस

3. किसी लेंस की क्षमता उसके _______ से निर्धारित की जाती है ?

उत्तर :- डायऑप्टर के द्वारा

4. किस रंग की तरंगधैर्य सबसे अधिक होती है ?

उत्तर :- लाल

5. किस वैज्ञानिक ने गुरुत्वाकर्षण का सिद्धांत दिया था ?

उत्तर :- न्यूटन

6. किस यंत्र के द्वारा दूध की शुद्धता की माप की जाती है ?

उत्तर :- लेक्टोमीटर

7. गुब्बारे में मुख्यत: कौन सी गैस भरी जाती है ?

उत्तर :- हीलियम

8. किस रोग से प्रतिरक्षा के लिए बीसीजी का टीका दिया जाता है ?

उत्तर :- टी.वी.

9. किसकी उपस्थिति के कारण मूत्र का रंग हल्का सा पीला होता है ?

उत्तर :- यूरोक्रोम

10. लार की प्रकृति कैसी होती है ?

उत्तर :- क्षारीय

11. ब्लीचिंग पाउडर या विरंजक चूर्ण का रासायनिक सूत्र क्या है ?

उत्तर :- $CaOCl_2$

12. सोडियम कार्बोनेट का व्यापारिक नाम क्या है ?

उत्तर :- धोबन सोडा

13. सोनोग्राफी में किस प्रकार की तरंगो का प्रयोग किया जाता है ?

उत्तर :- पराश्रव्य तरंगों का

14. डायनासोर किस कसेरूकी वर्ग से संबंधित है ?

उत्तर :- सरीसृप

15. बर्फ जल में तैरता है क्यो-

उत्तर :- बर्फ का घनत्व जल के घनत्व से कम होता है

16. किस यंत्र के द्वारा वायुमंडलीय दाब की माप की जाती है ?

उत्तर :- बैरोमीटर

17. रेफ्रिजरेटर में कौन सी गैस शीतलन के लिए उतरदाई है ?

उत्तर :- फ्रिऑन

18. किस धातु को भविष्य का धातु (Future metal) कहा जाता है ?

उत्तर :- टाइटेनियम

19. पृथ्वी पर उपलब्ध सबसे कठोरतम पदार्थ कौन सा है ?

उत्तर :- हीरा

20. लोहे में जंग लगने से उसके भार में क्या परिवर्तन होता है ?

उत्तर :- भार बढ़ जाता है।

21. कौन सा विटामिन जल में घुलनशील है ?

उत्तर :- विटामिन B और विटामिन C

22. हमारे शरीर में लाल रुधिर कणिकाओं का निर्माण कहां होता है ?

उत्तर :- अस्थिमज्जा में

23. किस विटामिन की कमी के कारण जनन क्षमता में कमी होती है ?

उत्तर :- विटामिन E

24. दूध के फटने से कौन से अम्ल का निर्माण होता है ?

उत्तर :- लैक्टिक अम्ल

25. हृदय के विकार का पता लगाने के किस यंत्र का प्रयोग किया जाता है ?

उत्तर :- इलेक्ट्रोकॉर्डियोग्राफ

26. मलेरिया रोग में शरीर का कौन सा अंग प्रभावित होता है ?

उत्तर :- प्लीहा

27. हमारे शरीर में किसकी कमी के कारण मधुमेह रोग होता है ?

उत्तर :- इंसुलिन

28. प्राय स्तनधारियों में कितने कक्षीय हृदय क्या पाए जाते हैं ?

उत्तर :- 4

29. दांतो एवं हड्डियों में मुख्यतः कौन सा तत्व पाया जाता है ?

उत्तर :- कैल्शियम और फास्फोरस

30. एक व्यस्क मनुष्य के शरीर में कुल कितनी हड्डियां पाई जाती है ?

उत्तर :- 206

31. कौन मानव शरीर के हड्डियों और पेशियों को आपस में जोड़ता है ?

उत्तर :- टेंडन

32. मानव शरीर में पाचन का उत्पादन किस अंग में संपन्न होता है ?

उत्तर :- छोटी आंत

33. मनुष्य के जीवनकाल में कुल कितने दांत दो बार विकसित होते हैं ?

उत्तर :- 20

34. लार में कौन सा एंजाइम पाया जाता है ?

उत्तर :- टाइलिन

35. कौन सी धातु जल के साथ आसानी से अभिक्रिया करती है

उत्तर :- पोटेशियम

36. आधुनिक आवर्त सारणी के किस समूह में पूर्ण संयोजी कोश और रासायनिक रूप से निष्क्रिय तत्व होते हैं ?

उत्तर :- 18 वें

37. जहाजों में इकोलोकेशन का उपयोग क्या मापने के लिए किया जाता है ?

उत्तर :- पानी की गहराई

38. किसी निकाय को एक समान वृत्तीय गति में चलाने के लिए आवश्यक नियत बल को क्या कहा जाता है ?

उत्तर :- अभिकेंद्रीय बल

39. किसी तत्व का इलेक्ट्रॉनिक विन्यास 2, 8, 5 है उस तत्व का क्या नाम है ?

उत्तर :- फास्फोरस

40. माता एवं पिता में किसके गुणसूत्रों से बच्चों के लिंग का निर्धारण होता है ?

उत्तर :- पिता के गुणसूत्र से

41. ठोस कोयला को तरल हाइड्रोकार्बन में परिवर्तित करने की प्रक्रिया को क्या कहा जाता है ?

उत्तर :- द्रवीकरण

42. जब एक मूल ध्वनि एक प्रतिबाधा द्वारा परावर्तित होकर हमारे कानों तक पहुंचती है तो प्रतिध्वनि कितने समय के बाद सुनाई देती है ?

उत्तर :- 0.1 सेकंड

43. किस वैज्ञानिक ने यह सुझाव दिया था कि तत्व के प्रतीक को तत्व के नाम के एक या दो अक्षरों से बनाया जा सकता है ?

उत्तर :- वर्जिलियस

44. गति का दूसरा समीकरण किसके बीच संबंधो को दर्शाता है ?

उत्तर :- स्थिति और समय

45. जब हम एक पेड़ की शाखा को तेजी से हिलाते है तो उसकी कुछ पत्तियां पेड़ से अलग हो जाती है यह किसके कारण होता है ?

उत्तर :- जड़त्व

46. किसकी अनुपस्थिति में अवायवीय श्वसन होता है ?

उत्तर :- ऑक्सीजन

47. आधुनिक आवर्त सारणी में कितने आवर्त एवं कितने समूह मौजूद हैं ?

उत्तर :- 7 आवर्त और 18 समूह

48. माता रोगाणु कोशिकाएं किसमें निर्मित होती है ?

उत्तर :- अंडाशय में

49. इथेनॉइक एसिड का सामान्य नाम क्या है ?

उत्तर :- एसिटिर एसिड

50. हमारा वायुमंडल कितने परतो में बँटा हुआ है ?

उत्तर :- 5 परतों में

4

Economics

1. आधुनिक अर्थशास्त्र का जनक या पिता किसे कहा जाता है ?

उत्तर:- एडम स्मिथ

2. अर्थशास्त्र की रचना किसने की ?

उत्तर:- चाणक्य

3. मिश्रित अर्थव्यवस्था का क्या अर्थ होता है ?

उत्तर :- सरकारी और निजी क्षेत्र का सहआस्तित्व

4. किस अंतरराष्ट्रीय संस्था द्वारा मानव विकास रिपोर्ट जारी किया जाता है ?

उत्तर :- संयुक्त राष्ट्र विकास कार्यक्रम

5. राष्ट्रीय स्तर पर भारत में प्रतिवर्ष कौन आर्थिक सर्वेक्षण रिपोर्ट प्रकाशित करता है ?

उत्तर :- वित्त मंत्रालय

6. किसी देश में उत्पादित किए गए संपूर्ण सामान और सेवाओं का मूल्य क्या कहलाता है ?

उत्तर :- सकल घरेलू उत्पाद

7. सकल राष्ट्रीय उत्पाद प्राप्त किया जाता है ?

उत्तर :- सकल घरेलू उत्पाद + विदेशों से प्राप्त निवल कारक आय द्वारा

8. किस संगठन के द्वारा भारत में राष्ट्रीय आय की गणना की जाती है ?

उत्तर :- भारतीय सांख्यिकी संगठन

9. अर्थशास्त्र धन का विज्ञान है यह कथन किसका है ?

उत्तर :- एडम स्मिथ

10. पूंजीवादी अर्थव्यवस्था का मुख्य लक्षण क्या है ?

उत्तर :- निजी स्वामित्व

11. बंद अर्थव्यवस्था वह अर्थव्यवस्था है जिसमें –

उत्तर :- ना तो आयात होता है और ना ही निर्यात होता है

12. भारत में राष्ट्रीय आय का आकलन सर्वप्रथम किसने किया था ?

उत्तर :- दादाभाई नैरोजी

13. भारतीय अर्थव्यवस्था किस प्रकार की अर्थव्यवस्था का उदाहरण है ?

उत्तर :- मिश्रित अर्थव्यवस्था

14. भारत में पहली पंचवर्षीय योजना की शुरुआत कब की गई थी ?

उत्तर :- 1 अप्रैल 1951 को

15. प्रथम पंचवर्षीय योजना का मुख्य लक्ष्य क्या था ?

उत्तर :- कृषि क्षेत्र का विकास

16. भारत में पंचवर्षीय योजना का अंतिम प्रारूप कौन अनुमोदित करता है ?

उत्तर :- योजना आयोग

17. किस पंचवर्षीय योजना के तहत भारत में राष्ट्रीय कृषि और ग्रामीण विकास बैंक की स्थापना की गई थी ?

उत्तर :- छठी पंचवर्षीय योजना

18. भारत के राष्ट्रीय आय में किस क्षेत्र का सर्वाधिक योगदान है ?

उत्तर :- सेवा क्षेत्र

19. भारत में अधिकतम कर आय की प्राप्ति किस कर से होती है ?

उत्तर :- निगम कर से

20. प्रत्यक्ष करों में किस कर से भारत सरकार को सबसे अधिक आय की प्राप्ति होती है ?

उत्तर :- आय कर से

21. राष्ट्रीय विकास परिषद का गठन किस वर्ष किया गया था ?

उत्तर :- 1952

22. सरकार द्वारा पुरानी मुद्राओं को समाप्त करके नई मुद्राओं का संचालन क्या कहलाता है ?

उत्तर :- विमुद्रीकरण

23. आर्थिक विकास की दृष्टि से भारत किस प्रकार का राष्ट्र है ?

उत्तर :- विकासशील राष्ट्र

24. भारत का राष्ट्रीय बैंक कौन सा है ?

उत्तर :- भारतीय रिजर्व बैंक

25. भारत में मौद्रिक नीति किसके द्वारा लागू की जाती है ?

उत्तर :- भारतीय रिजर्व बैंक

26. भारत में बैंकों का राष्ट्रीयकरण पहली बार किस वर्ष किया गया था ?

उत्तर :- सन् 1969 में

27. भारत में मानव विकास रिपोर्ट जारी करने वाला भारत का पहला राज्य कौन सा है ?

उत्तर :- मध्यप्रदेश

28. मानव विकास सूचकांक किसके द्वारा जारी किया जाता है ?

उत्तर :- विश्व बैंक

29. मानव विकास सूचकांक किस अर्थशास्त्री की देन है ?

उत्तर :- महबूब उल हक

30. किस संगठन के द्वारा भारत में बेरोजगारी के आंकड़े जारी किया जाता है ?

उत्तर :- राष्ट्रीय नमूना सर्वेक्षण संगठन

31. बाजार अर्थव्यवस्था वह अर्थव्यवस्था है जो –

उत्तर :- सरकारी नियंत्रण से मुक्त होता है।

32. भारत में नियोजित अर्थव्यवस्था किसपर आधारित है ?

उत्तर :- मिश्रित अर्थव्यवस्था पर

33. कौन सी संस्था अंतरराष्ट्रीय व्यापार संबंधी नियमों को निर्धारित करता है ?

उत्तर :- विश्व बैंक

34. भारत में राष्ट्रीय आय समिति का गठन किस वर्ष किया गया था ?

उत्तर :- सन् 1949 में

35. उपभोक्ता जागरूकता आंदोलन की शुरुआत सर्वप्रथम किस देश में हुई थी ?

उत्तर :- इंग्लैंड

36. किसे उपभोक्ता आंदोलन का प्रवर्तक माना जाता है ?

उत्तर :- रॉल्फ नादर

37. प्रत्येक वर्ष उपभोक्ता अधिकार दिवस किस दिन मनाया जाता है ?

उत्तर :- 15 मार्च

38. भारत में प्रच्छन्न बेरोजगारी सामान्यतः किस क्षेत्र में पाई जाती है ?

उत्तर :- कृषि क्षेत्र में

39. किसे भारतीय अर्थव्यवस्था के उदारीकरण का अग्रदूत कहा जाता है ?

उत्तर :- डॉ मनमोहन सिंह

40. उपभोक्ताओं के अधिकार एवं सुरक्षा के लिए संयुक्त राष्ट्र संघ ने किस वर्ष सिद्धांत निर्धारित किया ?

उत्तर :- 1985

41. राष्ट्रीय उपभोक्ता दिवस भारत में प्रत्येक वर्ष किस दिन मनाया जाता है ?

उत्तर :- 24 दिसंबर

42. भारतीय अर्थव्यवस्था को कितने क्षेत्रों में विभाजित किया गया ?

उत्तर :- तीन क्षेत्रों में (प्राथमिक क्षेत्र द्विवतीयक क्षेत्र एवं तृतीयक क्षेत्र)

43. भारत के सकल घरेलू उत्पाद में किस क्षेत्र का सर्वाधिक योगदान है ?

उत्तर :- तृतीयक क्षेत्र

44. भारत में प्रथम क्षेत्रीय ग्रामीण बैंक की स्थापना किस वर्ष की गई थी ?

उत्तर :- सन् 1975 में

45. भारतीय औद्योगिक वित्त निगम की स्थापना किस वर्ष की गई थी ?

उत्तर :- सन् 1948 में

46. भारत में हरित क्रांति का जनक किसे माना जाता है ?

उत्तर :- एम. एस. स्वामीनाथन

47. जनसंख्या वृद्धि से आर्थिक विकास की गति में क्या प्रभाव पड़ता है ?

उत्तर :- आर्थिक विकास की गति मापी जाती है।

48. किसने गरीबी के कुचक्र को परिभाषित किया था ?

उत्तर :- रैगनर नक्स

49. अर्थशास्त्र के क्षेत्र में लॉरेंज वर्कर करता दर्शता है ?

उत्तर :- आय वितरण

50. उस अवस्था को करता कहते हैं जिसमें मुद्रा की मूल्य घट जाता है तथा वस्तु की कीमतें बढ़ जाती है ?

उत्तर :- मुद्रास्फीति

5

Polity GK

1. लोकसभा अध्यक्ष अपना त्यागपत्र किसे देते हैं ?

उतर :- लोकसभा उपाध्यक्ष को

2. भारतीय संविधान के मौलिक कर्तव्य को किस देश के संविधान से लिया गया है ?

उतर :- रूस

3. नए राज्य की स्वीकृति भारतीय संघ में कौन देता है ?

उस :- संसद

4. राजनीतिक दल, पार्टी अध्यक्, सरकार और राष्ट्रपति में से किसके द्वारा राज्य संचालित होता है ?

उतर :- पार्टी अध्यक्ष

5. किसे अखिल भारतीय सेवाओं के लिए सृजन की शक्ति प्राप्त है ?

उतर :- भारत की संसद को

6. किस संविधान संशोधन के द्वारा भारत में वोट डालने की उम्र 21 वर्ष से घटाकर 18 वर्ष की गई थी ?

उतर :- 61 वा संविधान संशोधन

7. 61 वें संविधान संशोधन के तहत किस वर्ष वोट डालने की उम्र को 21 वर्ष से घटाकर 8 वर्ष की गई थी ?

उतर :- 1989 में

8. किस संविधान संशोधन के द्वारा भारतीय संविधान की प्रस्तावना में समाजवादी और धर्मनिरपेक्ष शब्द को जोड़ा गया ?

उतर :- 42वां संविधान संशोधन

9. भारतीय संविधान में शामिल नीति निर्देशक सिद्धांत किस देश के संविधान से लिया गया है ?

उतर :- आयरलैंड

10. हमारे भारत में संसद के दो सत्रों के बीच अधिकतम कितने समय का अंतराल होता है ?

उत्तर :- 6 महीने का

11. भाषाई आधार पर सर्वप्रथम किस भारतीय राज्य का निर्माण हुआ ?

उत्तर:- आंध्र प्रदेश

12. भारत में सर्वप्रथम भाषाई आधार पर आंध्र प्रदेश राज्य की स्थापना कब हुई ?

उत्तर :- 1 नवंबर 1956 को

13. भारतीय संविधान के निर्माण के समय भारतीय संविधान में कुल कितनी अनुसूचियां, अनुच्छेद और भाग थे ?

उत्तर :- 8 अनुसूचियां, 395 अनुच्छेद और 22 भाग

14. वर्तमान समय में भारतीय संविधान में कुल कितनी अनुसूचियां, अनुच्छेद और भाग है ?

उत्तर :- वर्तमान समय में भारत संविधान में कुल 12 अनुसूचियां, 395 अनुच्छेद और 22 भाग है।

15. भारतीय संविधान के निर्माता कहे जाने वाले डॉक्टर भीमराव अंबेडकर ने संविधान के किस अनुच्छेद को संविधान की आत्मा और उसका हृदय कहा है ?

उत्तर :- अनुच्छेद 32

16. लोकसभा के लिए देश में प्रथम आम चुनाव किस वर्ष हुआ था ?

उत्तर :- 1952 में

17. लोकसभा का पहला सत्र कब आयोजित किया गया था ?

उत्तर :- 13 मई 1952 को

18. कौन सा भारतीय उच्च न्यायालय दुनिया का दूसरा सबसे बड़ा न्यायिक परिसर है ?

उत्तर :- मद्रास उच्च न्यायालय

19. अगर भारत का राष्ट्रपति अपना इस्तीफा देना चाहिए तो वे अपना इस्तीफा पत्र किसे संबोधित करेंगे ?

उत्तर :- भारत के उपराष्ट्रपति को

20. लोकसभा में अनुसूचित जनजातियों के लिए किस राज्य में सर्वाधिक आरक्षित सीटें हैं ?

उत्तर :- मध्य प्रदेश

21. भारत में सूचना का अधिकार अधिनियम पूर्ण रूप से कब लागू हुआ था ?

उत्तर :- अक्टूबर 2005 को

22. भारत में सूचना का अधिकार अधिनियम किस राज्य / केंद्र शासित प्रदेश को छोड़कर सभी में लागू होता है ?

उत्तर :- जम्मू और कश्मीर

23. भारत का राष्ट्रपति संसद के लिए एंग्लो इंडियन कमेटी के कितने सदस्यों को नामित कर सकता है ?

उत्तर :- अधिकतम 2 सदस्यों को

24. भारत में सभी केंद्र शासित प्रदेशों के लिए लोकसभा में कितनी सीटें आरक्षित की गई है ?

उत्तर :- 20

25. भारतीय संविधान में कुल कितने मूलभूत कर्तव्य है ?

उत्तर :- 11

26. भारत में इलेक्ट्रॉनिक वोटिंग मशीन का इस्तेमाल सबसे पहले कब और कहां किया गया था ?

उत्तर :- सन 1982 में केरल में

27. भारत में स्थापित प्रथम नगर निगम कौन सा था ?

उत्तर :- चेन्नई नगर निगम

28. सन् 1959 में किस राज्य ने पहली बार पंचायती राज को अपनाया ?

उत्तर :- राजस्थान

29. भारतीय संसद में स्थयी समितियों की कुल संख्या कितनी है ?

उत्तर :- 45

30. अगर कोई व्यक्ति भारतीय नागरिकता प्राप्त करने के लिए आवेदन करना चाहता है तो उसे पहले भारत में कितनी अवधि के लिए रहना होगा ?

उत्तर :- 5 वर्ष

31. भारतीय संविधान के निर्माण के समय मूल रूप से संविधान द्वारा क्षेत्रीय भाषाओं के रूप में कितनी भाषाओं को मान्यता प्राप्त थी ?

उत्तर :- 14

32. भारतीय संविधान का कौन सा अनुच्छेद भारत में राष्ट्रपति का प्रावधान देता है ?

उत्तर :- अनुच्छेद 52

33. भारतीय संविधान का कौन सा अनुच्छेद भारत के राष्ट्रपति को राष्ट्रपति शासन लागू करने की शक्ति देता है ?

उत्तर :- अनुच्छेद 356

34. किस भारतीय प्रधानमंत्री के काल में संपत्ति के अधिकार को मौलिक अधिकारों की सूची से हटा दिया गया ?

उत्तर :- मोरारजी देसाई

35. भारत में तीसरा आपातकाल किस वर्ष लागू हुआ था तथा यह कब से कब तक चला ?

उत्तर :- भारत में तीसरा आपातकाल वर्ष 1975 को लागू हुआ था यह आपातकाल 25 जून 1975 से 21 मार्च 1977 तक रहा।

36. भारत में अब तक कितनी बार राष्ट्रीय आपातकाल लागू किया जा चुका है ?

उत्तर :- तीन बार

37. भारत में प्रथम आपातकाल कब लागू हुआ था ?

उत्तर :- भारत में प्रथम आपातकाल 26 अक्टूबर 1962 को भारत- चीन युद्ध के समय लागू हुआ था।

38. भारत में पंचायती राज्य व्यवस्था के मध्यवर्ती स्तर को क्या कहा जाता है ?

उत्तर :- पंचायत समिति

39. भारत में पहली बार राष्ट्रपति शासन किस भारतीय राज्य में लगाया गया था ?

उत्तर :- राजस्थान

40. भारत का राष्ट्रपति देश में वित्तीय आपातकाल लगा सकता है इसका प्रावधान भारतीय संविधान के किस अनुच्छेद में है ?

उत्तर :- अनुच्छेद 360

41. मौलिक अधिकारों के अंतर्गत भारतीय संविधान का कौन सा अनुच्छेद बच्चों के शोषण से संबंधित है ?

उत्तर :- अनुच्छेद 24

42. भारत के प्रथम स्पीकर कौन थे जिनके विरुद्ध भारतीय लोकसभा में अविश्वास प्रस्ताव लाया गया ?

उत्तर :- जी.वी. मावलंकर

43. भारत एक गणतंत्र देश है इसका अर्थ क्या है ?

उत्तर :- भारत में कोई भी वंशानुगत शासन नहीं है।

44. भारत की संविधान सभा द्वारा भारत को एक संविधान देने का प्रस्ताव कब पारित क्या गया था ?

उत्तर :- 22 जनवरी 1947 को

45. किस मिशन के अंतर्गत भारतीय संविधान के निर्माण का प्रस्ताव बनाया गया था ?

उत्तर :- क्रिप्स मिशन

46. भारतीय संविधान सभा के प्रथम निर्वाचित अध्यक्ष कौन थे ?

उत्तर :- डॉ. राजेंद्र प्रसाद

47. संविधान सभा द्वारा भारत को संविधान देने का संकल्प कब स्वीकार किया गया था ?

उत्तर :- 20 फरवरी 1947 को

48. संविधान सभा के प्रांतीय संविधान समिति के अध्यक्ष कौन थे ?

उत्तर :- सरदार वल्लभभाई पटेल

49. भारत का संविधान कब से लागू हुआ था ?

उत्तर :- 26 जनवरी 1950

50. भारत के राष्ट्रीय प्रतीक को भारत सरकार द्वारा कब अपनाया गया ?

उत्तर :- 26 जनवरी 1950

6
MIX

1. FM का विस्तारित नाय क्या है ?

उत्तर :- FM आ विस्तारित रूप Frequency Modulation (फ्रिकवेंसी माड्यूलेशन) है ।

2. भारत के किस शहर को वर्ष 1858 में केवल एक दिन के लिए भारत की राजधानी घोषित किया गया था ?

उत्तर :- उत्तर प्रदेश राज्य में स्थित इलाहाबाद शहर जिसका वर्तमान नाम प्रयागराज है को वर्ष 1958 में केवल 1 दिन के लिए भारत की राजधानी घोषित किया गया था ।

3. PDF का पूर्ण रूप क्या है ?

उत्तर :- (Portable document format) पोर्टेबल डॉक्युमेंट फॉरमैट

4. कंप्यूटरीकृत भाषा में WWW का क्या अर्थ है ? उत्तर :- World Wide Web

5. अंग्रेजों द्वारा शुरू किए गये किस कानून को काला कानून कहा जाता है ?

उत्तर :- रॉलेट एक्ट कानून

6. वर्ष 1905 में बंगाल विभाजन के समय भारत का गवर्नर जनरल कौन था ?

उत्तर :- लॉर्ड कर्जन

7. भारत में ब्रिटिश साम्राज्य की स्थापना किसने की थी ?

उत्तर :- लॉर्ड रॉबर्ट क्लाइव

8. किस पेशवा शासक ने अंग्रेजों के साथ बेसिन की संधि की थी ?

उत्तर:- बाजीराव द्वितीय

9. बंगाल व बिहार में स्थायी बंदोबस्त की शुरुआत किसने की थी ?

उत्तर :- लॉर्ड कॉर्नवालिस

10. राजस्थान के भरतपुर जिले में स्थित ' लोहगढ़ ' नामक किले का निर्माण किसने करवाया था ?

उत्तर :- बंदा बहादुर ने

11. संचार पद्धति की भाषा में एमटीएस (MTS) का पूर्ण रूप क्या है ?

उत्तर :- Mobile Telephone Service (मोबाइल टेलिफोन सर्विस)

12. खट्टे फलों में मुख्यत: कौन सा अम्ल पाया जाता है ?

उत्तर :- साइट्रिक अम्ल

13. आंवला में कौन सा विटामिन प्रचुर मात्रा में पाया जाता है ?

उत्तर :- विटामिन सी

14. भारतीय संविधान में प्रथम संशोधन किस वर्ष हुआ ?

उत्तर :- वर्ष 1950 में

15. हमारे भारत के मूल संविधान में कुल कितनी भाषाएं हैं ?

उत्तर :- 14 भाषाएं लेकिन वर्तमान समय में भारतीय संविधान में कुल 22 भाषाएं शामिल है ।

16. राजस्थान के किस शहर को झीलों की नगरी कहा जाता है ?

उत्तर :- उदयपुर

17. ऐसी कौन सी धातु है जिसे चाकू के द्वारा आसानी से काटा जा सकता है ?

उत्तर :- सोडियम

18. किस भारतीय क्रांतिकारी ने कहा था कि स्वतंत्रता हमारा जन्मसिद्ध अधिकार है और हम इसे प्राप्त करके रहेंगे ?

उत्तर :- बाल गंगाधर तिलक

19. भारत में सफेद क्रांति का जनक किसे कहा जाता है ?

उत्तर :- डॉ वर्गीज कुरियन

20. सफेद क्रांति का संबंध किससे है ?

उत्तर :- सफेद क्रांति जिसे दुग्ध क्रांति और ऑपरेशन फ्लड के नाम से भी जाना जाता है का संबंध दूध से है इस क्रांति का मुख्य उद्देश्य भारत में दूध की कमी को दूर करना था ।

21. विश्व की एकमात्र झील कौन सी है जो प्रत्येक 12 वर्ष बाद में मीठे व खारे पानी में परिवर्तित होती रहती है ?

उत्तर :- तिब्बत की उरोतसो झील

22. किसी भी राज्य में संवैधानिक तंत्र विफल होने पर भारतीय संविधान के किस अनुच्छेद के अंतर्गत उस राज्य में राष्ट्रपति शासन लगाया जा सकता है ?

उत्तर :- अनुच्छेद 356

23. किस संविधान संशोधन के द्वारा 6 से 14 वर्ष के बच्चों के लिए शिक्षा के अधिकार को मूल अधिकार के रूप में मान्यता दी गई ?

उत्तर :- 86 वा संविधान संशोधन 2002

24. किस संविधान संशोधन द्वारा संपत्ति के अधिकार को मौलिक अधिकार की सूची से हटाकर इसे विधिक अधिकार घोषित किया गया था ?

उत्तर :- 44 वें संविधान संशोधन

25. वर्तमान में भारतीय संविधान में कुल कितनी अनुसूचियां हैं ?

उत्तर :- 12 अनुसूचियां

26. किस संविधान संशोधन के द्वारा भारत में पंचायती राज व्यवस्था को लागू किया गया ?

उत्तर :- 73वें संविधान संशोधन 1992 के तहत

27. किस संविधान संशोधन के द्वारा भारतीय संविधान की प्रस्तावना में धर्मनिरपेक्ष और समाजवादी शब्द को जोड़ा गया ?

उत्तर :- 42 वें संविधान संशोधन

28. भारत में पहला सफल परमाणु परीक्षण कब तथा कहां किया गया ?

उत्तर :- 14 मई 1974 को राजस्थान के पोखरण में

29. भारत के मध्य प्रदेश राज्य में स्थित पन्ना की खाने किसके लिए प्रसिद्ध है ?

उत्तर :- हीरे

30. संतोष ट्रॉफी का संबंध किस खेल से है ?

उत्तर :- फुटबॉल

31. भारत के सर्वोच्च नागरिक सम्मान भारत रत्न पुरस्कार से सम्मानित प्रथम भारतीय कौन थे ?

उत्तर :- डॉक्टर सर्वपल्ली राधाकृष्णन

32. ज्ञानपीठ पुरस्कार किस क्षेत्र में दिया जाता है ?

उत्तर :- साहित्य के क्षेत्र में

33. कंचनजंगा पर्वत श्रृंखला किस भारतीय राज्य में स्थित है ?

उत्तर :- सिक्किम

34. गिद्धा और भांगड़ा किस भारतीय राज्य का प्रमुख लोक नृत्य है ?

उत्तर :- पंजाब

35. ' पोंगल ' किस भारतीय राज्य का एक प्रसिद्ध त्यौहार है ?

उत्तर :- तमिलनाडु

36. हॉर्नबिल महोत्सव किस राज्य का एक प्रसिद्ध त्यौहार है ?

उत्तर :- नागालैंड

37. किस भारतीय राज्य में कंचनजंगा पर्वत शिखर स्थित है ?

उत्तर :- सिक्किम

38. किस भारतीय राज्य को मंदिरों की पुण्य भूमि कहते हैं ?

उत्तर :- तमिल नाडु

39. भोजन के द्वारा प्राप्त होने वाली ऊर्जा को किसमें मापा जाता है ?

उत्तर :- कैलोरी में

40. अंतरराष्ट्रीय अहिंसा दिवस प्रतिवर्ष कब मनाया जाता है ?

उत्तर :- 2 अक्टूबर को महात्मा गांधी के जन्मदिन के शुभ अवसर पर प्रत्येक वर्ष अंतर्राष्ट्रीय अहिंसा दिवस मनाया जाता है ।

41. भारत का सबसे पुराना राष्ट्रीय दल भारतीय राष्ट्रीय कांग्रेस की स्थापना किसने की थी ?

उत्तर :- डॉ. ए. ओ. ह्यूम

42. हमारे भारत में सर्वाधिक क्षेत्र पर किस प्रकार के वन पाए जाते हैं ?

उत्तर :- उष्णार्द्र पतझड़ वन

43. तीन बीघा कॉरिडोर भारत और किस देश को आपस में जोड़ता है ?

उत्तर :- बांग्लादेश

44. राजा राममोहन राय ने किस समाज की स्थापना की थी ?

उत्तर :- ब्रह्म समाज

45. भारत का एकमात्र प्रधानमंत्री कौन है जिन्होंने भारत का सर्वोच्च नागरिक सम्मान भारत रत्न एवं पाकिस्तान का सर्वोच्च सम्मान निशान-ए-पाकिस्तान दोनों प्राप्त किया ?

उत्तर :- मोरारजी देसाई

46. अंतर्राष्ट्रीय तिथि रेखा किस सागर से होकर गुजरती है ?

उत्तर :- आर्कटिक सागर एवं प्रशांत महासागर

47. संपूर्ण विश्व में कुल कितने समय जोन (Time Zone) में विभाजित है ?

उत्तर :- 24

48. आधुनिक शिक्षा प्रणाली की नींव भारत में किस वर्ष पड़ी ?

उत्तर :- 1835 में

49. भारत का कौन सा राज्य चंदन की लकड़ी के लिए सबसे अधिक प्रसिद्ध है ?

उत्तर :- कर्नाटक

50. भारत का सबसे बड़ा लिवरपूल ब्रिज कौन सा है ?

उत्तर :- हावड़ा ब्रिज, कोलकाता

7

Question

1. पृथ्वी पर दिन और रात होते हैं ?
    (A) दैनिक गति के कारण
    (B) वार्षिक गति के कारण
    (C) छमाही गति के कारण
    (D) तिमाही गति के कारण
2. सबसे बड़ा ग्रह है ?
    (A) बृहस्पति
    (B) पृथ्वी
    (C) युरेनस
    (D) शुक्र
3. सबसे छोटा ग्रह है ?
    (A) मंगल
    (B) शनि
    (C) बुध
    (D) नेप्चून
4. अगुलहास धारा किस महासागर में बनती है ?
    (A) प्रशान्त महासागर में
    (B) हिन्द महासागर में
    (C) आर्कटिक महासागर में
    (D) अन्य
5. पृथ्वी का सबसे भीतर वाला भाग क्रोड किसका बना होता है ?
    (A) ताँबा और जस्ता
    (B) निकेल और ताँबा

(C) लोहा और जस्ता

(D) लोहा और निकेल

6. मैंगनीज के उत्पादन में भारत का दूसरा स्थान है, प्रथम देश कौन सा है ?

(A) फ्रांस

(B) रूसी संघ

(C) कनाडा

(D) संयुक्त राज्य अमेरिका

7. निम्नांकित में से कौन देश कोयले का सबसे बड़ा उत्पादक है ?

(A) ब्राजील

(B) भारत

(C) अमेरिका

(D) चीन

8. इनमें किसको जापान का मैनचेस्टर कहा जाता है ?

(A) ओसाका

(B) टोकियो

(C) नागासाकी

(D) याकोहामा

9. भारत के स्वतंत्रता संघर्ष के दौरान 'Deccan Educational Society' नामक संस्था की स्थापना किसने की थी ?

(A) जवाहरलाल नेहरू

(B) रवीन्द्र नाथ टैगोर

(C) बाल गंगाधर तिलक

(D) व्योमेश चन्द्र बनर्जी

10. 1857 के गदर के समय भारत का गवर्नर जनरल कौन था ?

(A) लॉर्ड केनिंग

(B) नील आर्मस्ट्रांग

(C) जॉन मथाई

(D) अन्य

11. 'भारत भारतीयों के लिए ' नारा किस संस्था ने दिया था ?

(A) अशासकीय संस्था

(B) आर्य समाज ने

(C) ब्राह्म समाज ने

(D) अन्य

12. विन्ध्याचल और सतपुड़ा पहाड़ियों के बीच से होकर बहने वाली नदी है ?

(A) नर्मदा

(B) सिंधु नदी

(C) कोसी

(D) गोदावरी

13. इन्वेस्टर प्रोटेक्शन फण्ड (Investor Protection Fund) किस संस्था ने स्थापित किया है ?

(A) पूंजी मुद्दे ने

(B) DLF ने

(C) सेबी (SEBI) ने

(D) अन्य

14. कुण्डापुर एंव करवार कच्छ वनस्पति स्थान कहाँ स्थित हैं ?

(A) केरल राज्य में

(B) कर्नाटक राज्य में

(C) तमिल नाडु राज्य में

(D) त्रिपुरा राज्य में

15. भारत की प्रथम बहुउद्देशीय परियोजना किस नदी पर बनाई गई थी ?

(A) कावेरी नदी

(B) गंडक नदी

(C) दामोदर नदी पर

(D) यमुना नदी